Gerrid Setzer

Die Finsternis vergeht

25 Lichtblicke

Christliche Schriftenverbreitung
An der Schloßfabrik 30, 42499 Hückeswagen
www.csv-verlag.de

Bildnachweise

Cover: Thanos Pal, unsplash.com
Seite 4: Richard Bosman, 1996, wikipedia
Seite 6: Behzad Ghaffarian, unsplash.com
Seite 9: Artsy Vibes, unsplash.com
Seite 10: Curioso Photography, unsplash.com
Seite 13: Khamkeo Vilaysing, unsplash.com
Seite 14: Parent Géry, gemeinfrei
Seite 17: J. Basire, 1851, kolorierter Kupferstich
Seite 19: George Kroeker, unsplash.com
Seite 20: Pedro Mealha, unsplash.com
Seite 23: Bogdan Mosoianu, unsplash.com
Seite 24: Markus Spiske, unsplash.com
Seite 27: Jan the Manson / Lucky Dragon, fotolia.com
Seite 28: Progressman / Alamy, Mauritius Images
Seite 31: Alexandre Croussette, unsplash.com
Seite 32: NASA, 2017
Seite 35: Hao Zhang, unsplash.com
Seite 36: Cade Prior, unsplash.com
Seite 39: Akin Cakiner, unsplash.com
Seite 40: Kayla Farmer, unsplash.com
Seite 43: Carolinie Cavalli, unsplash.com
Seite 44: Paul Minami, unsplash.com
Seite 47: Christopher Ames, iStockphoto.com
Seite 49: Guillaume Bleyer, unsplash.com
Seite 51: Yamil Alvarez, unsplash.com
Seite 52: Renan Kamikoga, unsplash.com
Seite 55: Devin Justesen, unsplash.com
Seite 56: Quelle nicht verifizierbar
Seite 58: Quinten de Graaf, unsplash.com
Seite 61: 1805, John Cary, copyrightfrei
Seite 62: Igor Lepilin, unsplash.com

Impressum

Die Bibelverse werden grundsätzlich nach der im selben Verlag erschienenen Elberfelder Übersetzung (Edition CSV Hückeswagen) angeführt.

1. Auflage 2020

Umschlaggestaltung, Satz und Layout: Christian Schumacher

Druck: BasseDruck GmbH

ISBN 978-3-89287-636-6, Bestell-Nr. 257636

www.csv-verlag.de

Inhalt

Die Finsternis vergeht und das wahrhaftige Licht leuchtet schon.
(1. Johannes 2,8)

Auch wenn Thomas Edison (1847–1931) die Glühbirne nicht wirklich selbst erfunden hat, legte er mit der Entwicklung einer langlebigen Kohlefaden-Glühlampe im Jahr 1879 einen wichtigen Grundstein für die weltweite Elektrifizierung.

Wenn heutzutage die Sonne hinter dem Horizont verschwunden ist, prägt künstliches Licht das Angesicht der Erde. In den großen Metropolen ist es nachts oft so hell, dass man auf der Straße ein Buch lesen könnte.

Doch obwohl in dieser Welt mehr Licht strahlt als jemals zuvor, sieht es in den Herzen vieler Menschen finster aus. Da sind ungelöste Fragen nach dem Woher und Wohin. Da ist Angst vor der Zukunft. Da fehlt Orientierung im religiösen Wirrwarr.

Die Texte dieses Buches wollen kleine Lichtblicke im Dunkeln sein. Sie richten unsere Aufmerksamkeit auf den, der gesagt hat: *„Ich bin als Licht in die Welt gekommen, damit jeder, der an mich glaubt, nicht in der Finsternis bleibe"* (Johannes 12,46).

Die Antwort auf die Lebensfragen finden wir bei dem, der das Leben ist.

Café der Fragen

The Why Café von John Strelecky ist eines der bekanntesten Bücher über den Sinn des Lebens. In dem Bestseller geht es um einen gestressten Manager, der sich in ein Café mitten im Nirgendwo verirrt. Auf der Speisekarte entdeckt er vorn drei Fragen:

Warum bist du hier? Hast du Angst vor dem Tod? Führst du ein erfülltes Leben?

Im Grunde genommen sitzen wir alle im Café der Fragen. Doch welche Antworten finden wir? Der Manager in dem Buch gelangt zu der Überzeugung, dass er den unbequemen Gedanken an den Tod verdrängen und seine eigene Bestimmung fürs Leben finden muss, um glücklich sein zu können.

Wer mich findet, hat das Leben gefunden.
(Sprüche 8,35)

Die Bibel, „das Buch der Antworten", macht hingegen klar, dass wir unsere Bestimmung nicht suchen müssen, weil sie schon feststeht: Wir sollen Gott kennenlernen und in Gemeinschaft mit ihm leben. Dann verschwindet die hartnäckige Furcht vor dem Tod und unser Leben wird mit tiefem Sinn erfüllt.

Rauschen im Schneckenhaus

Wer sich eine gewundene Meeresschnecke ans Ohr hält, vernimmt ein Rauschen. Während Kindern die Erklärung einleuchtet, dass die Muschel das eingefangene Meeresrauschen wiedergibt, vermuten Ältere eher, das Schneckenhaus mache die eigene Blutzirkulation hörbar.

Der das Ohr gepflanzt hat, sollte er nicht hören?

(Psalm 94,9)

Doch diese Deutungen sind nicht korrekt. Tatsächlich verstärkt das leere Schneckenhaus die Geräusche der Umwelt, die wir sonst nicht wahrnehmen. Dabei werden nur die Töne lauter, die der Eigenschwingung der Luftsäule im Inneren der Schnecke entsprechen. Deshalb hat jedes Gehäuse sein eigenes Rauschen.

Auch wenn das menschliche Ohr ein Hochleistungsorgan ist, bleibt ihm manches verborgen. Anders sieht es beim Schöpfer aus: Seinem Ohr entgeht nichts. Er nimmt das flehentliche Flüstern eines Verzweifelten wahr, und selbst ein wortloses, von Tränen ersticktes Gebet beachtet er. Wenden wir uns ihm darum vertrauensvoll zu.

Gott schickt keine Lese-bestätigungen für unsere Gebete, aber er hört uns trotzdem.

Die Lösung unseres Schuldproblems ist die Erlösung durch Christus Jesus.

Atahualpa und das Lösegeld

Atahualpa (ca. 1500–1533), der letzte Herrscher des Inkareichs in den südamerikanischen Anden, wurde von dem spanischen Eroberer Francisco Pizzaro (ca. 1476–1541) hinterhältig gefangen gesetzt.

Für die Freilassung des Inkakönigs wurde ein gewaltiges Lösegeld gefordert und auch bezahlt: rund 25 Tonnen Gold und Silber. Das sind umgerechnet rund 300 Millionen Euro – das höchste jemals von Menschen gezahlte Lösegeld!

Atahualpa wurde von den Spaniern jedoch nicht freigelassen, sondern mit einer fadenscheinigen Begründung zum Tod verurteilt und erdrosselt.

Ihr wisst, dass ihr nicht mit vergänglichen Dingen, mit Silber oder Gold, erlöst worden seid ..., sondern mit dem kostbaren Blut Christi, als eines Lammes ohne Flecken und ohne Fehl.

(1. Petrus 1,18.19)

Die Bibel sagt, dass der Sohn Gottes ein Lösegeld bezahlt hat, das den Wert von Silber und Gold weit übertrifft: sein kostbares Blut. Jesus Christus gab sein Leben, um uns von der Gebundenheit der Sünde zu befreien. Wer an ihn glaubt, wird erlöst und bleibt es für immer.

Lautlos und doch unüberhörbar

Der Antares ist der hellste Stern im Sternbild Skorpion am Südhimmel. Meist ist er mit bloßem Auge gut erkennbar. Dieser Rote Überriese stellt sogar unsere Sonne in den Schatten: Sein Radius ist 883-mal größer als der Radius der Sonne.

Der Antares ist 600 Lichtjahre von uns entfernt. Wenn wir nachts sein Licht sehen, blicken wir weit in die Vergangenheit hinein, denn dieses Licht wurde bereits vor 600 Jahren abgesandt.

Das Licht, das wir heute wahrnehmen, war schon unterwegs, als Luther seine 95 Thesen anschlug, als Napoleon um die Vorherrschaft in Europa kämpfte, als der Erste Weltkrieg tobte und als die Berliner Mauer fiel.

Der Antares sendet uns daher nicht nur sein Licht, sondern auch eine Botschaft: Er erzählt von der Herrlichkeit Gottes. Das ganze Universum verkündet, ohne Worte zu gebrauchen, wie groß und gewaltig das ist, was Gottes Hände gemacht haben.

Die Himmel erzählen die Herrlichkeit Gottes, und die Ausdehnung verkündet seiner Hände Werk.

(Psalm 19,2)

Die Botschaft der Schöpfung benötigt keinen Übersetzer.

Wer reich in
Christus ist,
wird nie mehr
arm.

Das Gold der Narren

Pyrit ist ein sehr häufig vorkommendes Mineral, das goldfarben ist und metallisch glänzt. Da es wenig Wert hat, wird es auch „Narrengold“ genannt. Denn wer ein paar Klumpen Pyrit besitzt und meint, deshalb reich wie ein Goldgräber zu sein, ist ein Narr. Aber ist es nicht auch närrisch, wenn man Gold, Geld und Gut für das Wichtigste im Leben hält?

Ich danke meinem Gott allezeit euretwegen für die Gnade Gottes, die euch gegeben ist in Christus Jesus, dass ihr in ihm in allem reich gemacht worden seid.

(1. Korinther 1,4.5)

Die Bibel berichtet von einem Mann, bei dem sich alles um seinen Besitz drehte. Eines Tages sprach Gott zu ihm: *„‚Du Narr! In dieser Nacht wird man deine Seele von dir fordern; und wem wird gehören, was du bereitet hast?‘ So geht es dem, der für sich selbst Schätze sammelt und nicht reich ist in Bezug auf Gott!“* (Lukas 12,20.21).

Wir sind dann wirklich reich, wenn wir etwas haben, was wir nicht mehr verlieren können. Wer an Jesus Christus glaubt, bekommt von Gott einen ewigen Segen geschenkt.

Licht in der Finsternis

Am 30. Juni 1861 stand wie aus dem Nichts ein Schweifstern von unwirklicher Dimension am Nordhimmel. Der Komet Tebbutt, dessen Kopf fast so hell leuchtete wie der Mond, tauchte das Firmament in weißliches Licht. Ein ganz besonderes Naturschauspiel, das weltweit für Aufsehen sorgte.

In der Nacht, in der Jesus geboren wurde, schien ein noch intensiveres Licht: Die Herrlichkeit Gottes umstrahlte Hirten auf einem Feld bei Bethlehem. In dem grellen Lichtkegel hörten die ängstlichen Hirten von Engeln die gute Botschaft, dass der Erretter geboren worden war – Christus, der Herr.

Das sichtbare Licht jener denkwürdigen Nacht ist ein göttlicher Fingerzeig, dass durch Jesus Christus ein großes Licht in unsere Finsternis, Kälte und Gottvergessenheit gekommen ist. Er ist *„das wahrhaftige Licht, das, in die Welt kommend, jeden Menschen erleuchtet"* (Johannes 1,9).

Und es waren Hirten in derselben Gegend, die auf freiem Feld blieben und in der Nacht Wache hielten über ihre Herde. Und siehe, ein Engel des Herrn trat zu ihnen, und die Herrlichkeit des Herrn umleuchtete sie, und sie fürchteten sich mit großer Furcht. Und der Engel sprach zu ihnen: Fürchtet euch nicht, denn siehe, ich verkündige euch große Freude, die für das ganze Volk sein wird; denn euch ist heute in der Stadt Davids ein Erretter geboren, welcher ist Christus, der Herr.

(Lukas 2,8–11)

Volta und die Energie

Der italienische Physiker Alessandro Volta (1745–1827) sprach eines Tages vor einer Gruppe von Forschern und zeigte ihnen ein Experiment: Er schichtete zwei leitende Metallplättchen aus Zink und Kupfer übereinander und steckte dazwischen eine mit Salzwasser getränkte Lederscheibe. Mit dieser Konstruktion konnte er Energie speichern.

Das Wort Gottes ist lebendig und wirksam.
(Hebräer 4,12)

Skeptisch fragten die Wissenschaftler: „Aber was kann man damit anfangen?" – „Seine Kraft wird sich beim Gebrauch erweisen", antwortete Volta ruhig. Die Zukunft gab ihm Recht, denn das Prinzip des Volta-Elements wird bis heute genutzt: in Monozellen, Batterien und Akkumulatoren.

Auch die Bibel erweist ihre Kraft beim Gebrauch. Wer die Worte Gottes mit aufrichtigem Herzen liest, wird etwas von ihrer lebensverändernden Kraft erfahren. Verkrustete Sichtweisen werden aufgebrochen, Perspektiven werden korrigiert und das Gewissen bekommt eine klare Ausrichtung.

Wenn die Bibel verstaubt, bleibt der Schmutz auf der Seele.

Das Licht der Welt erblickt man erst dann wirklich, wenn man im Glauben auf Christus sieht.

Licht für Viganella

Viganella ist ein kleines Bergdorf im Norden Italiens. Italien – das klingt nach Sonne satt. Aber in diesem Dorf wird es im Winter nie richtig hell, weil sich die Sonne wochenlang hinter den umliegenden Bergen versteckt. Viganella ist daher der dunkelste Ort Italiens.

Vor einigen Jahren wurde deshalb ein riesiger computergesteuerter Spiegel mit einem komplizierten Dreh- und Neigungsmechanismus auf einem Hügel in der Nähe des Dorfes installiert. Dieser Spiegel reflektiert die Sonnenstrahlen in das Dorf hinein und verbessert dadurch das Lebensgefühl.

Jesus sprach: Ich bin das Licht der Welt; wer mir nachfolgt, wird nicht in der Finsternis wandeln, sondern wird das Licht des Lebens haben.
(Johannes 8,12)

Wir brauchen Licht! Und zwar nicht nur für unseren Körper, sondern auch für unseren Geist. Denn Neid, Hass und Egoismus verfinstern unser Leben. Wir erkennen Gottes Wesen und Willen nicht und tappen im Dunkeln. Doch das Leben wird hell, wenn wir an Jesus Christus glauben und ihm nachfolgen.

Sind wir Trockennasenaffen?

Die meisten Leute empfinden es als beleidigend, wenn man sie als Affe bezeichnet. Dabei entspricht das der offiziellen biologischen Systematik, nach der der Mensch zur Ordnung der Trockennasenaffen gehört.

Auch wenn es zwischen Affen und Menschen gewisse äußerliche Ähnlichkeiten gibt, so ist doch nicht zu übersehen, dass der Mensch sich von den herumtollenden Trockennasenaffen deutlich abgrenzt. Er besitzt eine einzigartige Würde.

Der Mensch wurde in Gottes Bild erschaffen und hat überragende Fähigkeiten und Aufgaben sowie – im Gegensatz zum Tier – ein tief verwurzeltes Gottesbewusstsein.

Zwar hat die Sünde die Verbindung zwischen Gott und Mensch zerstört, aber Versöhnung ist möglich. Dazu reicht Gott in Christus Jesus jedem Menschen seine Hand.

Wir müssen sie nur im Glauben ergreifen.

Gott schuf den Menschen in seinem Bild.

(1. Mose 1,27)

Die Würde des Menschen ist unantastbar.

Wir werden ewig im Himmel leben, wenn wir an den glauben, der auf die Erde kam, um am Kreuz für uns zu sterben.

Woody Allen und sein Wunsch

Der Schauspieler, Musiker und Regisseur Woody Allen bekam einmal zu hören, dass er durch seine berühmten Werke unsterblich werden würde. Er antwortete kühl: *„Ich möchte nicht durch meine Arbeit unsterblich werden … Ich möchte selbst unsterblich werden."*

Dieser Wunsch ist nicht neu. Bereits im Altertum suchten Menschen die Quelle der ewigen Jugend. Heute werden Anti-Aging-Therapien immer populärer und Wissenschaftler arbeiten fieberhaft daran, die Formel der Unsterblichkeit zu finden. Vergeblich.

Unser Heiland Jesus Christus hat den Tod zunichtegemacht, aber Leben und Unvergänglichkeit ans Licht gebracht durch das Evangelium.

(2. Timotheus 1,10)

Bleibt Unsterblichkeit ein Traum? Wird es nie ein Leben ohne Tod geben? Der Sohn Gottes gibt darauf eine eindeutige Antwort: *„Dies ist der Wille meines Vaters, dass jeder, der den Sohn sieht und an ihn glaubt, ewiges Leben habe; und ich werde ihn auferwecken am letzten Tag"* (Johannes 6,40).

Ein atemberaubender Turm

Ein Millionär lässt einen fähigen Architekten zu sich kommen und sagt: *„Sie müssen mir einen Turm mit einem Durchmesser von vier Metern konstruieren."* Verbindlich nickt der Architekt. Der Millionär fährt fort: „In diesen Turm sollen Treppen und Gänge eingebaut werden sowie Wasserleitungen und Aufzüge. Die Wände dürfen nur einen halben Meter dick sein, und die Höhe des Turms soll 1500 Meter betragen. Außerdem: Der Turm muss sich nach allen Seiten biegen können und eine chemische Fabrik beherbergen …" Die letzten Worte hört der Architekt gar nicht mehr, denn er hat den Raum bereits kopfschüttelnd verlassen.

Stehe und betrachte die Wunder Gottes!
(Hiob 37,14)

Ist ein Turm mit diesen Proportionen und Funktionen reinste Utopie? Nein, denn auf den Roggenhalm trifft das alles prinzipiell zu! So gewöhnlich uns die Roggenhalme eines Feldes auch erscheinen mögen – sie sind einer der zahlreichen Wunder des großen Schöpfer-Gottes.

Wir sollten nicht nur über die Schöpfung staunen, sondern auch den Schöpfer ehren.

Das ewige Leben ist nur einen Glaubensschritt entfernt.

Die langlebige Jeanne Calment

Die Liste der ältesten Menschen der Welt wird von der Französin Jeanne Calment angeführt, die 1997 im Alter von 122 Jahren starb. Einen besonders gesunden Lebensstil pflegte sie nicht. Erst mit 117 Jahren versuchte sie mit dem Rauchen aufzuhören, kehrte aber bald zu ihrem Laster zurück.

Um alt zu werden, setzen manche Leute alle Hebel in Bewegung. Sie kochen mit Ginseng, Basilikumsamen und Vitalpilzen, um ihr Immunsystem zu stärken. Sie optimieren ihr Schlafverhalten, lassen sich durch Fitness-Tracker engmaschig überwachen und investieren ein Vermögen in Pflegeprodukte mit interessant klingenden Inhaltsstoffen.

Es wird viel getan, um ein langes Leben zu erreichen. Ob es gelingt, weiß keiner. Die gute Nachricht der Bibel ist: Das ewige Leben gibt es garantiert umsonst. Hier muss sich niemand aufreiben. Der Sohn Gottes schenkt das neue, ewige Leben jedem, der an ihn glaubt.

Wer an den Sohn glaubt, hat ewiges Leben.

(Johannes 3,36)

Die beobachtete Erde

Mit Google Earth kann man sich in nahezu jeden Winkel der Erde hineinzoomen. Das nutzen auch wissensdurstige Gesetzeshüter, die auf den Bildern des digitalen Globus manches entdecken, was sonst wahrscheinlich verborgen bleiben würde: nicht genehmigte Baumaßnahmen, illegale Marihuana-Plantagen, sperriges Diebesgut und anderes mehr.

Wir werden beobachtet! Und zwar intensiver, als viele denken, denn der große Gott sieht ständig auf die Erde. Sein Blick bleibt dabei nicht an der Tür hängen, sondern geht in Haus und Herz hinein. Vor ihm können wir nichts verbergen, nicht einmal unsere flüchtigen Gedanken und dunklen Geheimnisse.

Gott hat vom Himmel herniedergeschaut auf die Menschenkinder, um zu sehen, ob ein Verständiger da sei, einer, der Gott suche.
(Psalm 53,3)

Doch diese Tatsache braucht uns nicht zu bedrücken. Denn Gott weiß nicht nur, was alles schiefläuft, sondern er sieht auch, wenn wir mit unserem Versteckspiel aufhören. Wenn wir ihn suchen. Wenn wir unsere Schuld einsehen. Wenn wir sie aufrichtig vor ihm bekennen. Gott will alles vergeben und uns von Furcht befreien.

Wenn wir einmal vor Gott unsere Schuld bekennen, vergibt er sie für immer.

Aber von der sechsten Stunde an kam eine Finsternis über das ganze Land bis zur neunten Stunde.
Um die neunte Stunde aber schrie Jesus auf mit lauter Stimme und sagte: Eli, Eli, lama sabachtani?,
das ist: Mein Gott, mein Gott, warum hast du mich verlassen?
(Matthäus 27,45.46)

Finsternis in dem Licht

Am 22. Juli 2009 fand ein astronomisches Großereignis statt: die längste totale Sonnenfinsternis des 21. Jahrhunderts. Der Mond verdeckte die Sonne für 6 Minuten und 39 Sekunden. Damit blieb diese Sonnenfinsternis nicht weit von der theoretisch maximalen Dauer entfernt, die 7 Minuten und 32 Sekunden beträgt.

Weit übertroffen wurde diese Maximalzeit, als vor fast 2000 Jahren eine dreistündige übernatürliche Finsternis über das ganze Land Israel kam – von 12 bis 15 Uhr. Am Ende dieser drei Stunden rief der gekreuzigte Jesus in die Finsternis hinein: *„Mein Gott, mein Gott, warum hast du mich verlassen?"* Diese Frage, die aus der Not seiner Seele hervorquoll, fordert uns heraus, eine Antwort zu finden.

Sie lautet: Jesus Christus erlebte die Gottesferne, weil er *„unsere Sünden an seinem Leib auf dem Holz getragen hat"* (1. Petrus 2,24). Am Kreuz litt der Gerechte für die Ungerechten (1. Petrus 3,18).

Leben vor dem Tod

Viele treibt die Frage um: Gibt es ein Leben *nach* dem Tod? Andere haben Angst, zu sterben, ohne wirklich gelebt zu haben. Sie fragen: Gibt es ein Leben *vor* dem Tod? Der Liederdichter Wolf Biermann klagt: *„Das kann doch nicht alles gewesen sein. Da muss doch noch irgendwas kommen – nein? Da muss doch noch Leben ins Leben – eben.“*

Vor 3000 Jahren zog ein intelligenter, reicher Mann alle Register, um glücklich zu werden. Er versuchte es mit Immobilien, Kultur, Macht, Arbeit, Geld, Frauen und Spaß (Prediger 2,1-12). Doch nichts machte sein Leben wirklich lebenswert. Schließlich gelangte er zu der Einsicht: *„Das Endergebnis des Ganzen lasst uns hören: Fürchte Gott und halte seine Gebote; denn das ist der ganze Mensch“* (Prediger 12,13).

Gott spricht: Sucht mich und lebt!
(Amos 5,4)

Genau darauf kommt es an: Wir können mit Gott leben! Dann leben wir wirklich vor dem Tod. Und dann werden wir auch nach dem Tod leben.

Wer Gott bei der Suche nach dem Sinn des Lebens ausklammert, wird ein Suchender bleiben.

Besser durch die Wahrheit verwundet, als durch die Lüge verarztet.

Das Allmachts-paradoxon

Kann Gott einen Stein erschaffen, den er selbst nicht hochheben kann? Seit dem Mittelalter wird diese herausfordernde Frage gestellt, die Gottes Allmacht ad absurdum führen soll.

Auf diese paradoxe Frage ist genauso wenig eine Antwort möglich wie auf die Frage: Kann Gott einen schwarzen Schimmel erschaffen oder einen Kreis mit vier Ecken? Das Problem dabei ist nicht die Allmacht Gottes, sondern die sinnfreie Fragestellung.

Doch es gibt tatsächlich Dinge, die Gott nicht zu tun vermag. Die Bibel bezeugt es selbst: Gott kann nicht lügen. Warum eigentlich nicht? Weil es nicht zu seinem Wesen passt, das Licht und Liebe ist.

Gott kann nicht lügen.
(Titus 1,2)

Wenn Gott nicht lügen kann und die Bibel seine Botschaft ist, dann ist die Bibel alternativlos. Darum sollten wir uns in einer Welt voll „alternativer Fakten“ der Wahrheit des Wortes Gottes zuwenden, auch wenn ihre Aussagen manchmal schmerzlich sind.

Von Eintagsfliegen und Ewigkeitsgeschöpfen

Am Ufer des ungarischen Flusses Theiß bietet sich alljährlich ein grandioses Schauspiel: Millionen von Larven der Theiß-Eintagsfliege, die drei Jahre im Sand des Flussbetts gelebt haben, schwimmen beinahe zeitgleich an die Wasseroberfläche. An der Luft platzt ihre Haut auf und sie entfalten ihre Flügel. Vier Stunden bleiben ihnen nun für Jungfernflug, Paarung, Eiablage. Danach sterben sie.

Gleichen nicht viele Menschen diesen seltsamen Tierchen? Sie leben ganz für den großen Augenblick: das gelungene Casting, die perfekte Welle, den tosenden Applaus, und sei es auch nur in der Stadthalle. Sie verzwergen ihr Glück auf ein paar ereignisreiche Stunden.

Ergreife das ewige Leben.
(1. Timotheus 6,12)

Doch das bleibt hinter dem zurück, was Gott für uns vorgesehen hat. Denn er will uns ein erfülltes Leben an seiner Hand und schließlich die ewige Freude des Himmels schenken. Wer durch den Herrn Jesus eine neue Lebensperspektive gefunden hat, wird nicht mehr wie eine Eintagsfliege leben, sondern als ein Ewigkeitsgeschöpf.

*Das Glück,
das Gott
schenkt, hat kein
Verfallsdatum.*

Die größte
Entdeckung kann
jeder Mensch an
jedem Tag machen:
dass Jesus Christus
der Retter ist.

Die größte Entdeckung

Sir James Young Simpson (1811–1870) war ein angesehener Arzt und Professor. Er entdeckte Chloroform als Betäubungsmittel und entwickelte verschiedene chirurgische Instrumente.

Einmal wurde er öffentlich gefragt, was seine größte Entdeckung sei. Die Zuhörer erwarteten, dass er über Errungenschaften in der Medizin sprechen würde. Aber zu ihrem Erstaunen erwiderte Simpson: *„Meine größte Entdeckung war, als ich erkannte, dass ich ein großer Sünder bin und dass Jesus Christus ein großer Erretter ist.“*

Wie können wir diese Erfahrung machen? Indem wir zugeben, dass wir vor Gott und Menschen schuldig geworden sind, und uns dann voll Vertrauen an den Retter Jesus Christus wenden, der für uns am Kreuz auf Golgatha gestorben und nach drei Tagen von den Toten auferstanden ist.

Das Wort ist gewiss und aller Annahme wert, dass Christus Jesus in die Welt gekommen ist, um Sünder zu erretten, von denen ich der erste bin.

(1. Timotheus 1,15)

Kap der Stürme und der Hoffnung

Früher war die markante Landspitze an der Südküste Afrikas gefürchtet wegen ihrer Klippen und starken Winde. Viele Segelschiffe zerschellten dort an den Felsen. Darum nannten portugiesische Seefahrer im 15. Jahrhundert die Landspitze *„Kap der Stürme"*.

Etliche Seefahrer sahen das aus einem anderen Blickwinkel: Wer das Kap erreicht hatte, war auf dem besten Weg nach Indien mit seinen Schätzen. So setzte sich langsam ein neuer Name durch: *„Kap der Guten Hoffnung"*. Wer an dem Kap angekommen war, schlug einen hoffnungsvollen Kurs ein.

Wir erreichen in unserem Leben dann das *„Kap der guten Hoffnung"*, wenn wir Jesus Christus persönlich kennenlernen. Der Himmel wird – inmitten der Alltagsstürme – durch ihn greifbar nahe. Diese gute Hoffnung motiviert und taucht alle Strapazen in ein neues Licht.

Er selbst aber, unser Herr Jesus Christus, und Gott, unser Vater, hat uns geliebt und uns ewigen Trost und gute Hoffnung gegeben durch die Gnade.

(2. Thessalonicher 2,16)

*Die Hoff-
nung auf den
Himmel verän-
dert das Leben
auf der Erde.*

Das Wort vom Kreuz ist für viele eine Torheit, für den Gläubigen aber das Tor zur Herrlichkeit.

Das Kreuz auf dem Fernsehturm

Der Berliner Fernsehturm ist mit 368 Metern das höchste Bauwerk Deutschlands. Als der Turm im Oktober 1969 fertiggestellt wurde, war er der Stolz der DDR-Führung. Doch etwas trübte die Freude: Bei Sonnenschein erschien auf der Kuppel ein riesiges Lichtkreuz. Dieser unerwartete Lichtreflex, der das Symbol des Christentums zeigte, war den Kommunisten ein Dorn im Auge und sie überlegten, die Kuppel umzubauen.

Warum stoßen sich viele Menschen an dem Kreuz und betrachten es als Torheit? Die Antwort ist einfach. Das Evangelium fordert keine Anstrengungen von uns, sondern verweist auf den, der für Sünder am Kreuz gestorben ist: Jesus Christus.

> Das Wort vom Kreuz ist denen, die verloren gehen, Torheit; uns aber, die wir errettet werden, ist es Gottes Kraft.
>
> (1. Korinther 1,18)

Die schlichte Botschaft, dass wir nur durch Jesu Tod am Kreuz mit Gott in Verbindung kommen können, irritiert den Intellekt des Menschen und torpediert seinen Stolz. Doch glücklich ist der, der an den gekreuzigten Christus glaubt und Gottes rettende Kraft erfährt.

CC-Menschen

Wer E-Mails versendet, kann Personen in „CC“ setzen. Aber wofür steht „CC“ eigentlich? Es ist die englische Abkürzung von Carbon Copy, was Kohlepapier bedeutet. Dieses dunkle abfärbende Papier wird zwischen zwei Blätter gelegt, sodass beim Beschreiben des oberen Blattes eine Kopie auf dem unteren entsteht. Wer in einer E-Mail unter „CC“ erscheint, ist also nicht der unmittelbare Empfänger, sondern bekommt nur eine digitale Kopie zur Kenntnisnahme übermittelt.

Ich preise dich dafür, dass ich auf eine erstaunliche, ausgezeichnete Weise gemacht bin.

(Psalm 139,14)

Im Alltagsleben mit Kopien zu arbeiten, ist durchaus sinnvoll. Aber wir selbst sollten keine Kopie sein! Wir müssen niemand imitieren, nicht immer nur das tun, was andere machen. Denn Gott hat jeden von uns als unverwechselbares Original erschaffen. „CC-Menschen“ passen nicht zu dem kreativen Konzept des Schöpfers.

Wer Gott durch Jesus Christus kennt, kann seine einzigartigen Fähigkeiten und Gaben in den Dienst für Gott stellen und erfahren, wie glücklich man darin werden kann.

Da jeder Mensch ein wertvolles Original Gottes ist, muss niemand die billige Kopie eines Menschen sein.

Die Finsternis vergeht (nicht)

Warum sind Schatten unscharf? Die Abendsonne rot? Die Öllache bunt? Der Regenbogen doppelt? – Das Thema Licht wirft viele interessante Fragen auf, an denen sich selbst die fähigsten Wissenschaftler die Zähne ausbeißen. Dagegen ist es vergleichsweise einfach, Licht einzuschalten: Meistens genügt eine Handbewegung oder ein Sprachbefehl.

Es ist auch nicht schwierig, Licht für unsere Herzen zu bekommen. Dazu müssen wir uns reumütig zu Gott bekehren und unser Glaubensvertrauen auf Jesus Christus setzen, der als Licht in diese Welt gekommen ist und das Gericht Gottes für schuldige Menschen in der Finsternis am Kreuz erduldet hat.

Wer an den auferstandenen Retter glaubt, in dessen Herz vergeht die Finsternis. Das wahrhaftige Licht leuchtet und es wird nie mehr erlöschen. Wer aber nicht glaubt, in dessen Herz vergeht die Finsternis nicht. Es bleibt alles dunkel. Für immer.

… um ihre Augen aufzutun, damit sie sich bekehren von der Finsternis zum Licht und von der Gewalt des Satans zu Gott, damit sie Vergebung der Sünden empfangen und ein Erbe unter denen, die durch den Glauben an mich geheiligt sind.
(Apostelgeschichte 26,18)

… denen das Dunkel der Finsternis aufbewahrt ist in Ewigkeit.
(2. Petrus 2,17)

Selbstlos: Daniel Alcides Carrión

Im 19. Jahrhundert wurde in Peru eine gewaltige Eisenbahnstrecke von Lima nach Oroya gebaut. Unter den Bahnarbeitern brach jedoch eine Fieberkrankheit aus, die Tausende wegraffte: das Oroya-Fieber. Bei denjenigen, die das Fieber überlebten, wurde eine Hautkrankheit festgestellt, die *Verruga peruana* genannt wird.

Der 26-jährige Medizinstudent Daniel Alcides Carrión erforschte beide Krankheiten und wollte nachweisen, dass das Oroya-Fieber und die *Verruga peruana* durch denselben Erreger hervorgerufen werden. Zu diesem Zweck spritzte er sich das Blut eines Jungen, der an *Verruga peruana* litt. Einige Wochen später starb Carrión am Oroya-Fieber. In Peru wird der selbstlose Mann als Held verehrt.

Hierin ist die Liebe Gottes zu uns offenbart worden, dass Gott seinen einzigartigen Sohn in die Welt gesandt hat, damit wir durch ihn leben möchten.

(1. Johannes 4,9)

Was Jesus Christus für uns getan hat, geht noch viel weiter. Gottes Sohn verließ den Himmel, kam auf die Erde und starb am Kreuz, um uns von unserer Schuld zu befreien. Er ging freiwillig aus Liebe in den Tod, damit wir ewiges Leben bekommen können.

Christus
starb für
uns, damit wir
durch ihn
leben.

Der ewige Gott hat meine Zeit in seiner mächtigen Hand.

Wasserfall und Orangenschale

Am 25. Juli 1911 stürzte sich der Stuntman Bobby Leach (1858–1926) in einem Fass die Niagarafälle hinunter. Er überlebte diese Wahnsinnstat, wenn auch schwer verletzt, und wurde dadurch bekannt und reich.

Einige Jahre später wurde ihm eine weggeworfene Orangenschale jedoch zum Verhängnis: Er rutschte auf ihr aus und verletzte sich am Bein. Eine gefährliche Entzündung begann in seinem Körper zu wüten, sodass die Ärzte das Bein sogar amputieren mussten. Doch selbst diese radikale Maßnahme verhinderte nicht, dass er wenige Wochen später verstarb.

Der Mann, der einen Sturz aus 58 Metern überlebt hatte, verlor sein Leben wegen einer auf dem Boden liegenden Orangenschale! Diese tragische Geschichte macht eine Sache sehr deutlich: Wir haben unser Leben nicht selbst in der Hand.

In deiner Hand sind meine Zeiten.

(Psalm 31,16)

Der Dichter des hier zitierten Psalms wusste aber: Meine Zeit steht in Gottes Hand. Das gab ihm innere Ruhe, Frieden und Gelassenheit. Wer Gott kennt, wird das auch heute erfahren.

Von Googol und Google

Google kennt fast jeder. Aber wer weiß schon, dass der Name auf einen neunjährigen Jungen namens Milton Saretta zurückgeht? Als sein Onkel, der Mathematiker Edward Kasner, im Jahr 1938 nach einer Bezeichnung für eine sehr große Zahl (nämlich 10^{100}) suchte, schlug Milton „Googol“ vor. Der Onkel fand das gut und der Begriff etablierte sich.

„Googol“ wurde 1997 dann zur Inspiration, um einer Suchmaschine, die riesige Zahlenmengen und Daten verarbeitet, einen treffenden Namen zu geben: Google.

Seitdem jongliert Google mit Daten und speichert viele Informationen über seine Nutzer. Alles Mögliche wird registriert: das exzessive Online-Shoppen, das ziellose Surfen, das Aufrufen fragwürdiger Seiten. Und diese Informationen werden nicht wieder gelöscht.

Ich habe deine Übertretungen getilgt wie einen Nebel, und wie eine Wolke deine Sünden. Kehre um zu mir.
(Jesaja 44,22)

Gott weiß jedoch weit mehr als Google: Er durchleuchtet unser ganzes Leben. Er registriert jede einzelne Sünde. Aber wenn wir ihn aufrichtig um Vergebung bitten, dann werden alle unsere Sünden unwiderruflich gelöscht. Gott sei Dank!

*Gott über-
sieht keine
einzige Sünde,
aber Er vergibt
unsere **ganze**
Schuld.*

Das Universum macht das Geschöpf klein und den Schöpfer groß.

Max Planck und Physik?

Als Max Planck (1858–1947) überlegte, ob er Physik studieren sollte, und sich bei einem Physikprofessor nach den Berufsperspektiven erkundigte, sagte dieser kühl: *„In der Physik ist schon fast alles erforscht; es gibt nur noch einige unbedeutende Lücken zu schließen."*

Planck entschied sich dennoch für die Physik und wurde einer der bedeutendsten Experten seines Fachs. Es war sicher ein Fehler, ihm vom Physikstudium abzuraten. Und es war noch ein größerer Fehler, zu behaupten, dass praktisch alles erforscht sei.

Ein ewiger Gott ist der Herr, der Schöpfer der Enden der Erde; er ermüdet nicht und ermattet nicht, unergründlich ist sein Verstand.
(Jesaja 40,28)

Die Wissenschaft hat längst nicht alle Rätsel des Universums gelöst. Auch heute nicht. Mit jeder Entdeckung, die gemacht wird, tauchen neue Fragen auf.

Der intensive Blick auf die gewaltige Schöpfung lehrt uns zu verstehen, dass es einen Schöpfer gibt. So sagte Max Planck einmal: *„Für die gläubigen Menschen steht Gott am Anfang, für den Wissenschaftler am Ende aller Überlegungen."*

Das Kreuz Christi ist die große Urkunde der Liebe Gottes.

Zaleukos und die ausgestochenen Augen

Zaleukos, ein Herrscher im südlichen Italien, lebte im 7. Jahrhundert vor Christus. Er erließ strenge Gesetze. Zum Beispiel verordnete er, dass Ehebrechern beide Augen ausgestochen werden müssen. Doch dann wurde sein eigener Sohn des Ehebruchs beschuldigt. Was sollte Zaleukos jetzt tun? Er liebte seinen Sohn und er liebte die Gerechtigkeit.

Schließlich verkündete er seinen Urteilsspruch: Es werden zwei Augen ausgestochen! Und was geschah? Er ließ ein Auge dem Gesetzesbrecher ausstechen, das andere Auge sollte dem Gesetzgeber selbst ausgestochen werden!

Die Strafe zu unserem Frieden lag auf ihm.
(Jesaja 53,5)

Das erinnert an Jesus Christus, den Sohn Gottes. Denn er, der Gottes Gebote gegeben hat, war aus Liebe bereit, die Strafe – und zwar die ganze Strafe! – von Gesetzesübertretern auf sich zu nehmen. Das geschah am Kreuz auf Golgatha, wo Jesus Christus für Sünder litt und starb. Alle, die an ihn glauben, werden frei von Gottes gerechtem Gericht.

Das Ende der Täuschung

Die Kong-Berge sind das größte Gebirge Afrikas! Das glaubte man zumindest noch im ausgehenden 19. Jahrhundert: Zahlreiche Landkarten und Lexika wiesen auf ein riesiges Gebirge im Westen Afrikas hin.

Als der französische Forscher Louis-Gustave Binger in den Jahren 1887/88 den schwarzen Kontinent bereiste, suchte er die sagenumwobenen Kong-Berge. Er stellte jedoch enttäuscht fest, dass die Bergkette nur das Produkt menschlicher Einbildung war. Bücher und Landkarten mussten abgeändert und der Realität angepasst werden.

Das Zeugnis des HERRN ist zuverlässig.
(Psalm 19,8)

Bei der Bibel ist so eine Anpassung nicht nötig: Sie ist vom Geist Gottes inspiriert und deshalb zuverlässig. Wer Gott und seinem unveränderlichem Wort glaubt, wird nicht enttäuscht werden, sondern einmal das bewundern, was der Glaube freudig erwartet hat.

Wer meint, Gott würde enttäuschen, täuscht sich.

Wiederum nun redete Jesus zu ihnen und sprach:
Ich bin das Licht der Welt; wer mir nachfolgt,
wird nicht in der Finsternis wandeln,
sondern wird das Licht des Lebens haben.
(Johannes 8,12)

Wenn uns ein sehr gutes Angebot präsentiert wird, schlagen wir gern sofort zu. *„Da habe ich nicht lange gefackelt"*, sagen wir danach zu denen, die unseren Fang bestaunen. Diese Redewendung kommt uns leicht über die Lippen, ihren Ursprung zu erklären ist ein bisschen schwieriger.

„Fackeln" geht auf das alte Wort *„vackeln"* zurück, was zunächst bedeutete: *„wie das flackernde Licht einer Fackel brennen"*. Später wurde das Wort für jemanden gebraucht, der unruhig und unstet ist. Wer nicht fackelt, handelt also zielstrebig und entschlossen.

Gott bietet uns in dem Evangelium einen überragenden Segen an, für den wir nicht einen Cent bezahlen müssen. Warum sollten wir hier lange fackeln? Wer an den Herrn Jesus glaubt, in dessen Herz wird ein helles Licht angezündet.

Jesus Christus spricht: *„Während ihr das Licht habt, glaubt an das Licht, damit ihr Söhne des Lichts werdet"* (Johannes 12,36).

Buchempfehlungen

Gerrid Setzer

Leben mit Perspektive

Denkanstöße von A-Z

Wir brauchen Perspektive – eine Perspektive, die über unseren grauen Alltag und das Sichtbare hinausgeht. Der Bildband *Leben mit Perspektive* liefert dazu viele Impulse und weitet unseren Blick für die unverzichtbare Dimension des Glaubens. Eine klare Botschaft in einem gefälligen und schönen Rahmen!

64 Seiten, Hardcover, ISBN 978-3-89287-600-7
64 Seiten, geheftet, ISBN 978-3-89287-599-4
Hörbuch (Audio-CD), ISBN 978-3-89287-458-4

Gerrid Setzer

Weitergedacht

32 Impulse zum Leben

Wer beim Schach die Nase vorn haben will, muss *weiterdenken.* In unserem Leben ist das noch wichtiger, weil es komplexer ist als jedes Strategiespiel. Das ansprechend gestaltete Buch *Weitergedacht* bietet 32 interessante Denkanstöße, die auf den hinweisen, der uns allein Halt und Hoffnung geben kann.

72 Seiten, Hardcover, ISBN 978-3-89287-607-6
72 Seiten, Paperback, ISBN 978-3-89287-628-1
Hörbuch (Audio-CD), ISBN 978-3-89287-459-1